CATALOGUE

—

ESTAMPES

ANCIENNES, **XVIII**ᶜ ET MODERNES

ORNEMENTS

P. Bourdon, Th. de Bry, Androuet Ducerceau, Gilles l'Égaré
Le Potre, Pillement, Vriès, etc.

PORTRAITS

Vignettes — Illustrations — Vues

QUELQUES DESSINS

DONT LA VENTE AURA LIEU

HOTEL DES COMMISSAIRES-PRISEURS

RUE DROUOT, 9, SALLE Nº 4

AU PREMIER ÉTAGE

Les Vendredi 26 et Samedi 27 Janvier 1883

A UNE HEURE PRÉCISE

———✦———

Mᵉ **MAURICE DELESTRE**, Commissaire-Priseur,
rue Drouot, 27,

Assisté de **M. VIGNÈRES**, Marchand d'Estampes,
rue de la Monnaie, 21, à l'entre-sol,

CHEZ LEQUEL SE DISTRIBUE LE CATALOGUE.

———✦———

PARIS — 1883

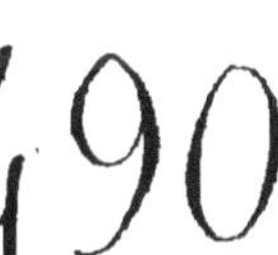

1187.50
1369.50
―――――
2557 · ·

		Frais 37 72		
	X	1756	663	75	1098
	Berman Vienne	534	50	202	05	332
	Hervey	216		81	65	134
25 avril	Houzard	32		12	10	19
	Feret	18	50	7		11
		2557		966	55	1590

Yd 2544
8°

(490°)

CATALOGUE

ESTAMPES

ANCIENNES, XVIII° ET MODERNES

1 **Abel**. Socrates dictant ses dernières paroles
avant de boire la ciguë. Eau-forte petit in-fol.,
toute marge, superbe ép.

2 **Agricola**. Joseph expliquant les songes, charmante petite pièce, d'ap. *R. Mengs*, avant et
avec la lettre. 2 p., superbes ép., marge.

3 — Un Ange adorant le Christ mort, d'ap. *Carrache*, in-4, superbe ép., marge.

4 — Jeune Fille coiffée d'un turban, manière
noire, petit in-fol., superbe ép. avant toute
lettre, toute marge.

5 — Psyché et l'Amour, charmante pièce, petit
in-fol., superbe ép., toute marge.

6 — Jésus dans la barque réveillé par ses dis-
ciples, très petite pièce d'une grande finesse,
superbe ép. avant la lettre, toute marge.

7 — Aurore et Céphale, d'ap. *Albane*, avant et
avec la lettre. 2 p. in-fol., superbes.

8 — Têtes d'hommes à barbe. — Jupiter. —
Homère récitant ses vers et autres. 6 p. à l'eau-
forte, très belles, avec marge.

Don S. de Ricci

9 — Jugement de Salomon. — Funérailles d'un Génie. 2 p. in-fol., d'ap. *Poussin*, superbes ép. avant la lettre, sur papier jaune, marge.

10 **Allram**. Adam et Eve, d'ap. *Dietrich*, in-fol., très belle ép., toute marge.

11 **Animaux**. Chiens, par *Mansfeld*, Chevaux, Sujets de manège, etc. 11 p.

12 — Bestiaux, Moutons, d'ap. *Roos* et autres. 18 p., superbes.

13 — Carnassiers et autres, Lions, Singes, etc., gravés et lithog. 75 p.

14 **Anonyme**. Beauty. — La Beauté, buste de jeune fille, ovale in-8, superbe, toute marge.

15 — Jeune Fille, manière noire en rond. — Jeune Femme voilée, ovale in-8. 2 p.

16 **Antiquités** d'Aix, d'Arles, Fréjus, Monuments du Musée de Marseille, etc. 14 p.

17 **Baquoit**. Pompe triomphale de Paul-Emile, de Pompée, grand in-fol., belle ép.

18 **Bartsch** (Adam). Ex-libris pour lui et pour *F. Zeiller*, Fleuron avec ancre et aigle. 3 p., superbes.

19 — Deux Amours dans un cartouche et cartouche avant la lettre. 2 p., superbes.

20 — Portrait de femme, dessiné à Paris, 1784, in-4, superbe.

21 — Pour souhaiter la bonne année. — Chien. — Petit Enfant. — Combat de cavaliers. 3 p., superbes.

22 — Génie de la Pononie, Hérauts hongrois proclamant l'insurrection, le Morgueur, Cartouches pour titres blancs, Têtes, etc. 10 p., superbes.

23 — Animaux, d'ap. *H. Roos*. 12 p., superbes.

24 — Départ de la sorcière, d'ap. *Visscher*, Enfant et Mouton, d'ap. *Jordaens*, Buveurs, d'après *Brouver*, 4 p, superbes.

25 — Fac-simile de dessins, d'ap. *Parmésan*, Vanni, Véronèse, Lafage, etc. 15 p. superbes.

26 — Présentation au temple, d'après *Dietrich*, in-fol., superbe ép., toute marge.

27 — Chevaux au repos, d'ap. *Bloëmen*, in-fol., superbe ép., toute marge.

28 — Chasse au sanglier, d'après *Snyers*, grand in-fol., superbe ép., marge.

29 **Beich** et **Hemmel**. Paysages à l'eau-forte. 12 p. très belles,

30 **Bendl** (Ignace). Fuite en Egypte, eau-forte, grand in-fol., toute marge.

31 — Sainte Famille, Fuite en Egypte, eau-forte, grand in-fol., rare, très belle ép.

32 **Benedicti**. 1ᵉ et 2ᵉ Vues du Rhin, d'ap. *Brand*, 2 p. petit in-fol.

33 **Beyer**. Saint Joseph, d'ap. Fuhrich, superbe ép., toute marge.

34 **Boguet**. La Sabine et autres paysages. 4 p.

35 **Bois anciens** par Brosamer, Burgmaer, Cranach, Pièce allégorique sur la réforme religieuse, Cavaliers, Costumes, etc. 12 p.

36 — Sujets historiques, Fleurons, Titres, Marques de libraires, etc. 33 p.

37 **Bonnart**. L'Age d'or, d'argent, d'airain, de fer. 4 p. costumes de femmes.

38 — Les Mois de l'année. 6 p. costumes de femmes.

39 — Costumes de femmes d'Augsbourg, Suabe, Strasbourg et autres. 6 p. très belles.

40 **Boucher** (D'ap.) et autres. Le Gâteau des Rois. — L'Origine de la peinture. — Colin-Maillard. — La Bascule. — Le Printemps. — Le Bouquet. — L'Été. — La belle Villageoise. — La Vie champêtre. — L'Automne. — Le Tristrac. — L'Hiver. 12 petites p. in-12 pour un almanach, collées, rares.

41 **Bramati**. Bas-relief du tombeau de Maximilien Iᵉʳ, à Inspruck. 2 p. grand in-fol. très belles, toute marge.

42 **Brand**. Ecu d'armes blanc, soutenu par deux aigles et orné de fleurs in-4. — Titre blanc orné. 2 p. à l'eau-forte, superbes.

43 — Nature morte, manière noire, petit in-fol. superbe, toute marge.

44 — Coquilles, Têtes diverses, Attaque par des brigands, Paysages, Pêcheries, etc. 15 p. à l'eau-forte, superbes.

45 — Paysages, Vues d'Autriche. 18 p. superbes.

46 — Etudes d'après nature, Vues du Danube et autres. 15 p. à l'eau-forte superbes.

47 **Caricatures**. Sur Mayeux, gravées, petit in-4. 34 p. très rares.

48 **Claussin**, 1809. Réunion de plus de cent Types, de Têtes diverses, d'ap. *Braun*. 3 p. à l'eau-forte.

49 **Collaert** (Adrien). L'Homme entouré des plaisirs que lui apportent cinq femmes, petit in-fol., très belle.

50 **Collaert**. Oiseaux, Poissons, etc. 20 p., avec marge.

51 **Conti**. Vues en Hollande sur la glace et autres. 3 p. in-fol. superbes, avec marge.

52 — La Fuite des vivandiers. — Voyageurs attaqués par des brigands, d'ap. *Vouvermans*. 2 p. in-fol. superbes, avec marge.

53 **Costumes**. Scaramouche et autres, d'après *Holbein* et autres. 20 p.

54 — Petites Coiffures et Costumes de femmes et d'hommes. 22 p.

55 **Dollinger**. Les Laitières, manière noire, grand in-fol., d'ap. *Berghem*, très belle ép.

56 **David**. Le Goût, la Vue et autres. 6 p. in-fol.

57 **De Gouy**. L'Étude de la musique. On la tire aujourd'hui ? très petites p. rondes, superbes ép.

58 **Debemant Saint-Félix**, amateur. Figures et Animaux à l'eau-forte. 8 p. grand in-8 superbes.

59 **Delarue**. Galerie des mammifères, Collection complète. 32 p. lithog., superbes ép.

60 **Delaserrie**, amateur. Petits Sujets historiques et allégoriques. 8 p. in-8 rares.

61 **Desfriches** (D'ap.). Vues des environs d'Or- ℬ 2
léans sur le Loiret, de la Chapelle de Saint-
Mesmin. 2 p.

62 **Dies**. Médée sur son char. — Armide enlevant ℬ 6
Renaud sur son char. 2 paysages grand in-4
superbes.

63 — Vues d'Italie, Tivoli, Villa Borghèse, ℬ 7650
Adriana, Nemi, etc. 17 eaux-fortes in-fol.
superbes, avec marge.

64. **Dietricy**. Combats de tritons. 3 petites eaux- ℬ 6
fortes rares, superbes.

65 — Suite de six Paysages, in-4, très belles ép. ℬ 15

66 — Titre de l'œuvre et Paysages. 4 p. ℬ 21
superbes.

67 — Baptême de l'Eunuque. — Jésus guérissant ℬ 10
les malades. 2 p. à l'eau-forte, in-fol.,
superbes.

68 **Dietzsch**. Têtes et Paysages à l'eau-forte. ℬ 8
12 feuilles contenant 14 sujets, superbes ép.,
toute marge.

69 **Dufour**. Vue de la ville de Clève, superbe ℬ 4
ép., in-fol., marge.

70 **Duplessis-Bertaux**. Arrivée de Louis XVIII, ✗
petit in-fol., eau-forte pure, rare, avec une
petite tête en haut de la planche, superbe ép.,
marge vierge.

71 — Les Métiers. 10 sujets sur 2 feuilles, ✗
superbes ép.

72 **Duvivier**. A la Mémoire de Mᵐᵉ la duchesse ℬ 1550
de Polignac, Prison de Richard Cœur-de-Lion
et autres. 9 paysages à l'eau-forte, superbes.

73 **Eaux-fortes modernes**, de Lerat, d'ap. *Miller* et autres. Le Mariage alsacien, etc. 8 p. très belles.

74 **Ecole italienne** ancienne, Sujets religieux. 20 p.

75 — Eau-forte de Castiglione, Paysage au dragon, d'ap. Titien et autres, d'ap. Vélasquez, etc. 12 p.

76 **Ecole flamande**. D'ap. *Goltzius* et autres. 12 p.

77 — Par Sadeler, I. Van Velde, W. Baur et autres divers. 22 p.

78 **Ecole de Fontainebleau**. Salutation angélique, d'ap. *Maître Roux*, in-fol. — Empédocles, par *René Boivin*. 9 p.

79 **Ecole française**. Ducerceau, Brebiette, Boucher, Le Potre, Queverdo, B. Picart. — Les Mois, Paysages, etc. 32 p.

80 **Ecole du XVIII° siècle**. Scènes d'amants. 3 p., petit in-fol., *I. Wolff, ex.*

81 **Eissner**. Vierge et Jésus, d'ap. *Raphaël*, très petite pièce imitant celle de *R. Morghen*, superbe ép. avant toute lettre, toute marge.

82 — Saint Jean, d'après *Dominique*, avant et avec la lettre. — Christ. 3 petites p. superbes.

83 — Prométhée. — Génie de l'emp. Joseph. — Jésus et les enfants. — Jugement de Pâris. — Mort de César. — Mort de Lucrèce. 6 p. petit in-fol. Superbes ép. avant la lettre, marge.

84 **Esnauts** (chez). Les Merveilleuses. — Les Incroyables. 2 petites p. rondes, superbes, toute marge.

85 **Fac-simile**. Léda, avant toute lettre, superbe.

86 — D'ap. *Raphaël* et autres, Saintes Familles. — Costumes d'ap. *Albert Durer*, etc. Seize p. superbes, toute marge.

87 **Falcone** (Ange). Paysage avec scène biblique. In-fol., non décrite, par Bartsch. — Réduction de la même pièce, 2 p.

88 **Fischer** (Marie). Vue du Hameau de la Reine dans les jardins du petit Trianon, à Versailles, in-fol., et autre Paysage. [Deux eaux-fortes, superbes, toute marge.

89 **Fischer**. Boutique de tabac et de loterie, charge, in-fol, fac-simile de dessin à l'encre de chine, superbe ép. toute marge. Rare.

90 — Petites eaux-fortes, ex libris, carte de visite. Têtes et sujets divers. 27 p. superbes.

91 — Pyrame et Thisbé, le Temps, Vénus dormant sur les nuages. 19 p. superbes.

92 **Flameng**. Scènes villageoises, Mendiants, etc. 14 p. à l'eau-forte, sur chine, superbes.

93 **Folo**. L'Amour tâtant la pointe de sa flèche, in-fol., d'ap. *Tofanelli*. Superbe ép., marge.

94 **Frommel**. Original Radirungen. 4 Paysages à l'eau-forte, superbes.

95 **Fuger**. Suite complète. Moïse, Jupiter, Études d'enfants, etc. 8 p. sur 5 feuilles imp. en sanguine, belles eaux-fortes, toute marge.

96 — (D'après). Zeuxis, Mort de César, de Lucrèce, Jésus et les enfants, Apollon, Jugement de Páris. 6 p. petit in-fol, superbe ép., marge.

97 **Fuhrich** (d'ap.). Saint Joseph. Superbe, toute marge.

98 **Gabet.** Les Saisons, d'ap. *Van Goyen.* 4 p. petit in-fol. à l'eau-forte. Superbes.

99 — Son œuvre de Paysages, d'après *Weirotter* et *Molitor.* 38 p. à l'eau-forte. Superbes.

100 **Gauerman.** Les Saintes Femmes allant au tombeau du Christ, in-fol, avant la lettre. — Bestiaux, d'ap. *Molitor.* — Paysages. 5 p. très belles.

101 **Gavarni.** Patois de Paris, Modes d'hommes et de femmes et pièces diverses, 20 p. quelques rares.

102 **Gheyn** (J. de). Diane et ses nymphes au bain, change Actéon en cerf, in-fol., très belle ép.

103 **Girodet** (d'ap.). Héro et Léandre. 2 compositions lithog. par *Dassy.* Superbes ép. sur chine, toute marge.

104 **Goebel.** Jacob bénissant ses fils, in-fol., eau-forte du peintre, avant toute lettre, marge, superbe ép.

105 **Greuze** (d'ap.). Buste de jeune fille exprimant la crainte, manière noire, ovale in-8, sans aucune lettre, rare, marge.

106 — Ne l'éveille pas : Scène maternelle, in-fol., par *Cars* et *Jardinier.* Belle ép.

107 **Halbeek.** Les triomphes de l'Église militante. 17 p. superbes, grande marge et le titre sans marge. 18 p.

108 **Heidloff**. Paysages à l'eau-forte. 10 p. superbes.

109 **Herzinger**. Moutons, d'ap. *Roos*, et figures. 9 p. sur 4 feuilles, à l'eau-forte, superbes.

110 — Sujets de paysans, de bestiaux, d'ap. Berghem, Dujardin, Roos, etc. 8 petites pièces en bistre, superbes.

111 — Sujets de bestiaux, d'ap. Berghem, Londonio, Roos, Scène de l'enlèvement d'Hélène. 6 p. in-fol., en bistre, superbes.

112 **Heyden**. Allégories, Costumes, Scènes d'intérieur, Batailles, etc. 38 p. très belles.

113 **Moelweck**. La Laitière donnant une leçon au tireur d'arquebuse, in-fol.

114 **Muret** (Grég.). Frontispice pour un ouvrage sur l'artillerie : Mars et Minerve désignent des armoiries, in-fol., très belle ép.

115 **Klengel**, 1775. Suite complète de 12 paysages à l'eau-forte, in-4, très belles ép.

116 **Kobell**. Klass et autres. Paysages à l'eau-forte. 6 p. superbes.

117 **Kohl**. (Cl.), 1792. Dorinde. La Famille à la pêche. Dona rufina et autres, charmantes vignettes. 9 p.

118 **Kolbe**. Paysages et Animaux à l'eau-forte. 6 p. superbes.

119 **Kolbl**. Chèvres, Paysages à l'eau-forte. 10 p. superbes.

120 **Krausen**. Machines qui ont servi à élever les deux grandes pierres pour le fronton de l'entrée du Louvre. Très grand in-fol.

121 **La Chapelle** (G.). Costumes de femmes du Levant, Arménienne, Juive, Grecque, Turque à cheval, etc. 8 p. très belles.

122 **Landerer**. Ruines d'un vieux château. — Pâturage entre les montagnes. 2 p. in-fol., d'ap. *Pillement*. Très belles ép., toute marge.

123 **Le Mire**. Titre de l'Armorial alphabétique des principales maisons de famille, etc. In-8, orné des armes du comte de Saint-Florentin. Superbe ép., sans marge.

124 **Leu** (Th. de) *ex*. Dei Patris et Filii et Spiritus Sancti, les saints Anges Gabriel, Michel et autres. 13 p., superbes ép., grandes marges.

125 **Lithographies.** Les Fièvres d'antiquaire, des bouquins, d'orgueil, d'avarice, de chant, théâtrale, par *V. Adam* et autres. 30 p., in-8.

126 **Maisonneuve**. — Tombeau de Philippe le Hardi, duc de Bourgogne, dans l'église des chartreux de Dijon. — Tombeau de Jean, duc de Bourgogne, et de la duchesse dans l'église des chartreux de Dijon. 2 p. in-fol.

127 **Manière noire**. The Toilet, jeune Homme pinçant de la harpe, la Vieille à la cruche. 3 p.

128 **Mark**. La Charité romaine, d'ap. la baronne *Pelisky*, in-fol., très belle ép., marge.

129 **Maulpersch**, 1785. La Parade du charlatan arracheur de dents, belle eau-forte, in-fol., superbe ép., toute marge.

130 **Mechau**. Vues d'Italie, Tivoli, Gandolfo et autres eaux-fortes, in-fol., très belles ép., marge. 10 p.

131 **Mercuri**. Les Moissonneurs dans les Marais Pontins, d'ap. *Léopold Robert*, sur chine.

132 **Merian**. Sujets de chasse, de pêche, etc. B 6 p.

133 **Meyer** (Félix). Suite complète de 6 petits Paysages et 6 autres. En tout 14 p. à l'eau-forte.

134 — Paysages à l'eau-forte. 15 p., belles ép. B

135 **Moessmer**. Paysage, d'ap. *Artois*, avant et avec la lettre et autres. 5 eaux-fortes superbes. B

136 **Molitor**. Son œuvre : Paysages à l'eau-forte. B 28 p. superbes.

137 **Moncornet**. Les Parties du jour, Femmes en buste, ovales, in-8, avec vers au bas. 4 p. très belles. B

138 — Les Sens, trois ovales et deux carrées. B 5 p.

139 **Moncornet** (B.). Enlèvement d'Europe, pièce ronde avec vers autour, grand in-4, très rare. B

140 **Monnet** (D'ap.). Paix rendue à l'Europe en 1763, allégorie, in-fol., par *Tilliard*. Magnifique ép. avant toute lettre, toute marge. B

141 **Morelse** (Paul). L'Amour au repos, superbe eau-forte du peintre, très rare. B

142 **Muller**. Socrate se promenant en l'air. Pièce satirique, très rare. Goëthe est debout à droite, lithog. petit in-fol., toute marge. B

143 **Muller** (F.). Le Marchand de complainte. — Les Singes et Chiens savants. 2 eaux-fortes du peintre. B

144 **Née** et **Masquelier**. Plan perspectif de l'Ecole militaire, d'ap. *de Lespinasse*, d'ap. nature, 1777, in-fol., très belle ép., marge.

145 **Pas** (Crispin de). Le Singe et le Miroir, in-fol., rare.

146 **Paysages** à l'eau-forte, par *Molitor*, Stark, etc. 12 p.

147 — D'après Brand, Rosa, avec bestiaux, etc. 10 p.

148 — A l'eau-forte, par Ender, Gauerman, Rechberger et autres. 12 p. superbes.

149 — A l'eau-forte, par Eismann, Thérèse Holbein, Schonberger, Ziegler, etc. 20 p. superbes.

150 — A l'eau-forte, par Hubert, Kleingel, Rahl, Sack, etc. 26 p. superbes.

151 — A l'eau-forte, par Braud, Gauerman, Laurent, Léopold et autres. 40 p. superbes.

152 — A l'eau-forte, in-fol., par Dies, Mechau et autres. 10 p., très belles.

153 **Paysages**, d'ap. *Pillement* et d'ap. les maîtres de l'Ecole flamande, etc. 30 p.

154 **Penez** (Georges). Sophonisbe buvant le poison que lui envoie son mari, grand in-8, marge.

155 **Picart** (B.), etc. Petits Costumes de femmes et d'hommes. 21 p. très belles.

156 — Lions, d'ap. divers maîtres, et Etudes de têtes. 14 p.

157 **Pièces curieuses**. La nouvelle Gazette 2. — Les trois Médecins. — Les trois Prêtres. 4 p. avec texte hollandais.

158 — La Musique du diable. — L'Espagnol caractérisé. 2 p. avec texte.

159 **Pièce historique.** Le Gâteau des Rois : L'Impératrice Catherine de Russie, le Roi de Pologne cherche à retenir sa couronne, Joseph II et Frédéric II déchirent et se partagent la carte, in-4, très belle ép.

160 **Po** (P. del). Vénus et l'Amour dans l'atelier de Vulcain, d'ap. *Carrache*, très belle ép.

161 **Polidore** (d'ap.), Bas-Reliefs, Sujets maritimes et Batailles, par *P.-S. Bartoli*. 8 p.

162 **Poussin** (d'après). L'Empire de Flore. — Regnault et Armide. 2 p. grand in-fol., très belles.

163 — Enlèvement de la Vérité. — Regnault et Armide. 2 p. très grand in-fol.

164 — Jugement de Salomon. — Funérailles d'un Génie. 2 p. in-fol. par Agricola. Superbes ép. toutes marges, rares.

165 **Prudhon.** Enlèvement d'Europe, eau-forte originale qui n'a pas été terminée. Très belle ép.

166 **Prudhon** (d'ap.). L'Amour et l'Amitié : deux Enfants et un Chien. Lithog. par *Collette*. Superbe.

167 — Triomphe de Napoléon, avant la lettre, grand in-fol. sur chine. Lithog. par *Maurin*.

168 — Minerve alimentant les Arts et les Sciences, in-8 en travers. Superbe ép. marge.

169 — L'Ambition des richesses foulant aux pieds la nature, par *de La Serrie*, amateur, in-8. Belle ép. rare.

170 **Qualio**. Vues du Palais et autre, à Munich. — Église dans une grotte, sur le Danube. 3 p. à l'eau-forte in-fol. Superbes ép. toute marge.

171 **Raphaël** (d'ap.). Têtes et Portraits d'après ses tableaux. 15 p. par *Fidenza*. 1ʳ ép. imp. en bistre.

172 **Reinhart**. Beaux Paysages à l'eau-forte, faits à Rome. 11 p. Superbes ép. marge, in-fol.

173 — Paysages divers à l'eau-forte. 8 p. Superbes.

174 **Reveil**. Musée de Peinture et de Sculpture au trait. 571 sujets de peinture, 132 de sculpture. En tout 703 p. et un paquet de texte.

175 **Rosa** (Salvator). Soldats en pied. 39 p.

176 **Statues** antiques, Bustes, Bas-Reliefs, Tombeaux, Vases, etc., gravés au trait en Italie. 95 p. toute marge, in-4.

177 **Steiner**. Paysage d'après un maître de l'école flamande (Waterlo?). Superbe, toute marge, in-fol.

178 **Sujets** de la Bible au trait, plus de 115 p. des doubles.

179 **Sujets religieux**. Vierge par *M. Lasne*. Pierre et Jean guérissant les malades, par *Vuibert* et autres. 8 p.

180 **Sujets divers à l'eau-forte** par Agricola, Echard, Niedel, Passini et autres. 25 p. Superbes.

181 — Buveurs par Ruschweyh ; divers par Abel Massinger, Rahl, Reinhold, etc. 10 p. Superbes.

182 **Swanevelt** (H.). Paysages à l'eau-forte (B. 77-112-114). Épreuves avec *excudit*. 3 p. très belles.

183 **Tempesta**. Les 12 Césars à cheval.

184 **Thulden** (Théodore Van). Revelatio Ordinis SS. Trinitatis (Création de l'Ordre de la Rédemption des Captifs). Histoire de Jean de Matta. 25 p. et une feuille de texte gravé, vol. petit in-fol. Très belles ép. grande marge, broché en vélin.

185 **Titien** (d'ap.). Le Triomphe du Christ, lithog. en 1836, par *Robert Theer*, à Vienne, d'ap. les bois d'*André Andreani*. Frise en 8 feuilles, toute marge.

186 **Vanloo** (d'ap.). et autres. Combats de cavalerie. 3 p.

187 **Villamena**. Henri IV combattant contre la Ligue, et autres. 4 p. in-fol.

188 **Vranck** (d'ap.). Combat de cavalerie. Petit in-fol.

189 **Weyss**. Judith, Vénus et l'Amour, l'Épouleuse, d'ap. *Murillo*, etc. 6 p. à l'eau-forte.

190 **Wolff** *ex*. Le Médecin et la jeune Femme. Petit in-fol. Superbe ép. toute marge.

— — —

ORNEMENTS

191 **Alphabets** anciens et modernes, ornés par Boussenot, Jolimont, Reynard, etc. 23 p.

192 **Architecture**. Les cinq Ordres, etc. 26 p.

193 — Colonnes, Portes, Chaires à prêcher, Orgues, 3
Autels; Projet de Fontaine, etc. 60 p.

194 **B. L.** Panneaux d'ornements en hauteur, Ara- 21
besques ornées de figures et d'animaux. 10 p.

195 **Babel.** Encadrements rocaille. 20 p., très 2.50
belles ép.

196 **Berjon.** Bouquets de fleurs, genre Pillement. 7
12 p. à l'eau-forte sur chine superbes.

197 **Boivin** (Réné), etc. Montants d'ornements, 9
Trophées de musique, etc. 5 p.

198 **Bourdon** (P.). Dessus de boîtes, de boutons, 13
pour Armoiries, Frises, Cachets et Clefs de
montres, Ornements pour émailleurs. 4 p.
superbes.

199 **Bry** (Th. de). Ecussons d'armoiries, avec 34
seigneur, princesse, pour supports et autres.
6 p. très belles.

200 **Charpentier.** Cheminées avec glaces riche- 22
ment ornées, d'ap. *J. Mansart* l'aîné. 9 p.
superbes, avec marges.

201 **Chauveau.** Emblèmes religieux et Lettres 6
entrelacées avec devises. 23 p.

202 **Clerget.** Ornements teintés, imp. en couleur. 1
10 p. à l'eau-forte.

203 — Martel, Reynard, Encyclopédie universelle, 8
etc. 40 p.

204 **Cossinus** (Ludovicus) et autre. Ornements 21
pour émailleurs, orfèvres. 5 p.

205 **Cuvillies.** Cartouches, grand Chandelier 12
d'église, etc. 4 p.

206 **De la Fosse**. Titres des cahiers de trophées, trois Trophées de guerre, Militaires, Attributs de sciences, etc. 18 p.

207 **Dieterlin**. Armoiries avec chevaliers, colonnes, corniches, etc. 8 p.

208 **Du Cerceau** (Jacobus-Androuet). Vues d'optique. 3 p. rondes; Corniches et Fûts de colonnes, trois. En tout 6 p.

209 — Arcs de triomphe à Rome. 8 p.

210 — Architecture, Ruines. 6 p. très belles.

211 — Panneaux d'ornements, Arabesques. 3 p.

212 **Du Cerceau**, Frises d'enroulements de feuillages. 8 p.

213 **Dury**. Recueil d'ornements divers, à l'eauforte. 21 p.

214 **Fay**. Arabesques, Panneaux d'ornements ornés de figures et animaux à un, deux et quatre motifs. 10 p. très belles.

215 — Arabesques, Bordures, Montants d'ornements à deux et quatre motifs. 10 p. superbes.

216 — Montants d'ornements ornés de figures à un et deux motifs. 10 p. superbes.

217 **Fleurs** et Fruits, d'ap. Huet et autres. 20 p.

218 **Fontenay**. Objets d'orfèvrerie de la plus grande richesse, Chandelier à quatre branches orné de perles, Compotier, etc. 4 p. à l'eauforte, superbes.

219 **Gamaliel**. Motifs pour l'architecture, six, et autres, cinq, dont deux en couleur et or. En tout 11 p.

220 **Gillot** (D'ap.). Nouveau Livre de principes d'ornements, gravés par Best, d'ap. une suite, très rare. 12 p. superbes.

221 **H. C.** Portraits de femmes de l'antiquité dans des cartouches ronds ornés. 7 p.

222 **Mertel** ex. Cartouches-rocaille avec figures et allégories. 10 p.

223 **Jolimont** (D'ap.). 1er et 2e Alphabet d'initiales ornées de différents styles, sur bois, 2 grandes feuilles.

224 **Kilian** (L.). Petits Cartouches avec figures. 7 p.

225 **Kilian**. La belle Fontaine Auguste à Augsbourg, d'ap. Gérardi, in-fol.

226 **La Belle**. Frises ornées d'enfants et d'animaux, Trophée de chasse, Armoirie, Cartouche, etc. 10 p.

227 **La Joue** (De). Premier et second Livre de cartouches ornés, incomplets. 10 p., toute marge. Titres de divers cahiers, la Fontaine, in-fol. En tout 15 p.

228 **Le Clerc**. Plafond de la salle de l'hôtel du baron de Tessin à Stokholm, petit in-fol.

230 **Lefevre** et autres. Palmettes et entourages de fleurs pour orfèvres. 6 p.

230 **L'Egaré** (Gilles). Pendeloques de diamants et de perles, Nœuds de perles et diamants. 3 p. et dix motifs de croix de bijouterie, émail, etc. sur 2 feuilles. En tout 5 feuilles.

231 **Le Potre**. Grand Vase, Fontaines, Grottes. 14 p.

232 — Plafonds, Panneaux, etc. 20 p.

233 — Portes, Décorations intérieures. 20 p.

234 — Portes de chapelles, Bancs d'œuvre. 20 p.

235 — Autels, Retables, Tabernacles, etc. 20 p.

236 — Cheminées à doubler, chez Langlois. 6 p.

237 — Cheminées avec riches décorations. 19 p.

238 — Montants d'ornements ornés de figures et d'animaux. 13 p.

239 — Frises ornées de figures, tritons et animaux dans des enroulements. 10 p.

240 — Grandes Frises avec enroulements ornés de figures. 4 p. rares.

241 — Frises par Stapff. Cahier de 6 feuilles à deux motifs, toute marge.

242 — Sujets bibliques, mythologiques avec fontaines, etc. 20 p.

243 — Ornements d'architecture. 16 p.

244 — Décorations diverses, Cheminées, Fontaines, etc. 15 p.

245 **Metzmacher**. Ornements, d'ap. les anciens maîtres, 10; autres par Reynard, 20. En tout 30 p.

246 **Naudet** (Caroline). Objets d'art et de curiosité, dessinés d'ap. nature par de Jolimont et Cagniet. 18 p. à l'eau-forte.

247 **Nilson**. Scènes villageoises, Saisons, les Bonnes sans souci, d'après Boucher, Allégories, Cartouches, la plupart entourés d'ornements. 30 p.

248 **Pillement** (J.). Fleur chinoise, à l'eau-forte coloriée, très rare.

249 **Pillement** (D'ap.). Livre de chinois, gravé par Canot. 8 p.

250 — Cahier de douze barques et chariots chinois. 5 feuilles à deux sujets, le n° 4 manque.

251 — La même suite, toute marge. 4 feuilles, les n°s 2 et 6 manquent, très belles.

252 — Sujets chinois. 8 p. dont 4 coloriées.

253 **Pillement** ressuscité, par Boussenot 6, Vases et Croquis chinois, par Lassalle 15, dont 4 coloriés. En tout 21 p. lithog.

254 **Reynard** (Ovide). Ornements des anciens maîtres du xv° au xviii° siècle. 60 p. sur chine, superbes.

255 **Simonin**, etc. Détails d'arquebuserie, Poignée d'épée, etc. 6 p.

256 **Toutin**. Ornements pour émailleurs, avec sujets de figures en bas. 4 p.

257 **Varin**. Le Gothique industriel, Objets religieux et Monuments. 21 p.

258 — Nouvel Album gothique, Détails pour l'industrie et les arts, Meubles, Bijouterie, Orfèvrerie, Serrurerie, etc. 28 p. superbes.

259 **Vauquier**. Ornements pour émailleurs, Dessus de boîtes, Sujets religieux, Frises avec suj·ts d'enfants, Bouquets de fleurs. 7 p. très belles, marges vierges, cahier avec le fil de la publication.

260 **Vignole**, 1757. Avec Ornements de Babel, Cochin et autres, Costumes, Scènes diverses, etc. 30 p. — Autre Vignole de 30 p. malades. En tout 60 p.

261 **Villemin**. Antiquités et Moyen-Age et la Renaissance. 32 p., la plupart coloriées.

262 **Vitruve**. Traité d'architecture, 1648, le Portrait de Julien Mauclerc, Ornements d'architecture. 49 planches, titre et 8 feuilles de texte.

263 **Vries**. Artis perspectiva. Fontaines monumentales très riches et autres. 17 p. superbes.

264 — Intérieurs de palais avec fontaines, Péristyles, Temples, Ponts, etc. Suite de 20 p., in-4, superbes ép., petites marges.

265 **Watteau** (D'ap.). Arabesques, les Jardins de Bacchus, Divinités chinoises, etc. 3 p.

266 **Ornements**, d'après les maîtres anciens, Emailleurs, Virgile Solis et autres. 50 p.

267 — Panneaux d'ornements en hauteur, ornés de figures et d'animaux, par un ancien maître. 6 p.

268 — Chars de triomphe bizarres, ornés de figures. 3 p. en travers.

269 — Panneaux arabesques en hauteur, ornés de figures et d'animaux. 9 p.

270 — Portes, Portiques sur bois, de Sébastien Serlio, 38 Portes au *recto* et *verso*. Sur 19 feuilles.

271 **Ornements**. Matériaux du dessinateur, Mosaïques, Fresques, etc., imp. en couleur et or. 13 p.

272 — Vitraux, Mosaïques, Marbrerie et autres en noir et en couleur. 20 p.

273 — Recueil d'ornements, par différents dessina-
teurs, publiés par Desflorenne 12, par Boul-
lemier 6, par Didier, Fouillis de décorations 12
et autres. En tout 45 p. lithog.

274 — Ornements dédiés à S. A. R. la princesse
Marie, publiés par Deflorenne, de Feuchère,
Clerget, Regnier, etc. 89 p. à l'eau-forte.

275 — Fragments d'ornements puisés dans les
quatre écoles, dédiés à S. A. R. la princesse
Clémentine, publiés par Deflorenne, gravés par
Martin Riester, Clerget et autres. 64 p. à l'eau-
forte.

276 — Motifs du XVIe siècle, Reliures, Point-Coupé
et autres, par Clerget, Dupuis et Breviere.
23 p. imp. en couleur.

277 — Pastiches et vieux maîtres 4, Choix d'ornements de l'Alhambra 4, Meubles et Armures
anciennes 20. En tout 28 p.

278 — Moyen-Age pittoresque. — Moyen-Age
monumental et archéologique, etc. 24 p.

279 — Ornements de diverses époques, par Bénard,
Caulo, etc. 25 p.

280 — Meubles, Motifs pour châles, Etoffes, Bro-
deries pour costumes militaires, et d'après les
anciens maîtres. 80 p.

281 — Variété ou Choix d'ornements, publiés par
Emile Lecomte. 49 p. sur les 72, le texte est
complet. Il y a des planches imp. en couleur.

282 — Mélanges d'ornements divers, publiés par
Emile Lecomte. 37 p. sur les 72, texte complet.
Il y a des planches imp. en couleur.

283 — Armoiries, Armorial de France, plusieurs motifs sur chaque feuille. 16 p., cuivre et bois.

284 — Frises, Fleurons, sur bois. Plus de 100 p.

285 — Ornements divers, par Chenavard et autres, Fragments, etc. Plus de 70 p.

286 — Tombeaux, Monuments funèbres. 18 p.

287 — Emblèmes, Fleurons, Fins de pages. 30 p.

288 — Titres, Cartouches, avec citations manuscrites, Encadrements ornés. 44 p.

289 — Cartouches, Titres blancs. 40 p.

290 — Arabesques, Frises, Enroulements. 44 p.

291 — Montants d'ornements, Arabesques. 50 p.

292 — Trophées d'armes, Montants d'ornements. 20 p.

293 — Vases de Boucher, Bouchardon, Errard, Polidore, Saly et autres. 50 p.

PORTRAITS

294 **Agricola**. Alexandre Ier, emp. de Russie. — Hundskarrer, inspecteur des chasses et forêts. 2 p. petit in-fol. Superbes ép. marge.

295 **Balechou**. Crébillon, in-4. Très belle ép. d'ap. Aved. Marge.

296 **Bartolozzi**. Giuseppe Haydn, compositeur de musique. Ovale in-4 en bistre. Superbe, marge.

297 **Bartsch**. Berghofer. — Jean Baron de Knesevich, in-4. 2 p. Superbes ép. marge.

298 **Benedicti**. Frédéric, duc d'York, in-8. Superbe.

299 **Benjamin**. Portraits d'hommes, avant toute lettre. 23 lithog. in-4. Superbes.

300 **Benoist** Mme la marquise de Maintenon, in-12 d'ap. *Mignard*. Très belle ép.

301 **Boilly** (Louis). Son Portrait par lui-même, rare. David, Liébig, etc. 5 p.

302 **Bonuart**. Mlle d'Armagnac. Le coin en bas à gauche manque.

303 **Brand**. Marie-Antoinette, in-4 avant toute lettre. Superbe.

304 **Cauu**. Robespierre pressant un cœur dans une coupe, in-12. Très belle ép.

305 **Cardon**. L'abbé Edgeworth de Fermont, confesseur de Louis XVI. Ovale in-8, toute marge, très rare. Superbe.

306 **Carmontelle** (d'ap. de). Mme la duchesse de Choiseul et Mme la marquise du Deffant, in-8 par *Grestbach*. Rare.

307 **Caron** (Ad.). Mme de Sévigné, in-8 avant la lettre, la tablette blanche, sur chine. Superbe, toute marge.

308 **Chapman**. Immanuel Kant. — Klopstock 2 p. grand in-8. Marge.

309 **Charlet**. Napoléon-Louis Bonaparte devant la cour des Pairs, 1840. Lithog. rare.

310 **Choffard**. François VI, duc de La Rochefoucauld, auteur des Maximes, in-8 d'ap. *Petitot*. Superbe ép. marge, in-4.

311 **Danckerts**, exc. Mme de Ludre en stenkerke et falbala. Manière noire, petit in-fol.

312 **Dejabin** (Collection). Députés de l'Assemblée Nationale de 1789. Belles ép. avec marge. 200 p.

313 **Dequevauviller**. Barthelemy (l'abbé), buste. Superbe ép. in-8 avant la lettre, toute marge.

314 **Desrochers**. Les Rois de France, de Pharamond à Henri III. 61 p. in-8, toute marge.

315 **Devéria** (d'après). Ninon de Lenclos, par Tavernier. — Mme de Sully, par Wedgewod. 2 p. in-8 avant la lettre, la tablette blanche. Marge.

316 — Coadjuteur par Migneret. — Coulanges par Sisco. — Guitaud par Ensom. 3 p. in-8 avant la lettre, la tablette blanche. Superbes ép. sur chine, marge petit in-fol.

317 — Condé par Dequevauviller. — Descartes par Caron. 2 p. in-8 avant la lettre, la tablette blanche. Superbes ép. toute marge.

318 **Diem**. Mme de Grignan, in-8 avant la lettre, la tablette blanche. Superbe ép. sur chine, marge petit in-fol.

319 **Dupuis**. Jean de Betzkoy, chambellan de S. M. impériale de Russie. Grand in-fol. d'ap. Roslin. Très belle ép. marge.

320 **Edelinck**. Le comte de Kaunitz. Grand in-fol. Très belle ép.

321 **Ehrenreich**. Johann Wachter. — Justus Hausknecht. 2 p. ovales in-4. Superbes.

322 **Fiesinger**. Malouet, ovale in-8. Superbe ép. en bistre, marge.

323 **Flipart**. Comtes et Comtesses de Hollande, Duc de Bourgogne, Philippe roi d'Espagne, 31. — Princes de Nassau et autres célébrités, 17. En tout 48 p. Belles ép.

324 **Galerie de la Presse**. Littérateurs et Peintres, in-4 lithog. 12 p.

325 **Gatine**. Femmes célèbres en pied en costumes, Sophie Arnoud, La Camargo, Duchesses de Bourgogne, du Maine, Maintenon, Fontanges et autres, in-4 d'ap. Lanté 26 p. Très belles.

326 **Hillemacher** (Frédéric). Bobeche. — De Grandval. — Mme Saqui. — 3 p. à l'eau-forte, in-8. Superbes, toute marge.

327 — Coquelin aîné, in-8, eau-forte avant la lettre. Superbe, toute marge.

328 — Cuillot (Opéra-Comique), avant la lettre. — Mlle Olivier (Comédie-Française). 2 p. Superbes, toute marge.

329 — Charlotte Corday, in-8. Superbe, toute marge.

330 — Marat mort dans sa baignoire, grand in-8. Superbe, toute marge.

331 — Albertine Marat. — Lucile Duplessis, femme de Camille Desmoulins. — Fouquier-Tinville. 3 p. in-8. Superbes, toute marge.

332 — J. Sylvain Bailly. — Saint-Just. 2 p. in-8. Superbes, toute marge.

333 — Violonistes. Alex.-Jean Boucher. — J. P. J. Rode. — Viotti. 3 p. in-8. Superbes, toute marge.

334 **Ingouf**. Junior, 1781. De Marivaux académicien, in-8, entouré de fleurs et attributs, d'ap. *P. de Saint-Aubin*. Très belle ép., marge vierge.

335 **Lacauchie**. Galerie des Artistes dramatiques de Paris, en pied, in-4. La plupart sur chine, avant la lettre et avec le texte. 48 p. Superbes.

336 **Larcher**. Molière, in-8 avant la lettre, la tablette blanche. Superbe ép. sur chine, toute marge.

337 **Le Beau**. Charles Goldoni, auteur comique, in-8 d'ap. *Cochin*, 1787. Très belle ép. marge.

338 **Lecomte**. Mme de Simiane, in-8 avant la lettre, la tablette blanche. Superbe ép. sur chine, marge, petit in-fol.

339 **Le Mire**. Poullain de Saint-Foix, in-8, d'après *Pougin de Saint-Aubin*, entouré d'allégories par *Marillier*. Superbe ép. toute marge, avec l'adresse de la Ve Duchesne.

340 **Lépicié**. Watteau à mi-corps dans son atelier, in-8. Belle ép.

341 **Levachez** (Collection). Députés de l'Assemblée Nationale, 1789, in-4. 10 p.

342 **Mansfeld**. Gustave III, roi de Suède, in-8. Superbe ép. marge.

343 **Mercury**. Condorcet, grand in-8, profil d'ap. *Lemort*. Superbe, toute marge, sur chine.

344 — Le Tasse. Très belle ép. avant la lettre sur chine, marge.

345 **Muller**. La Fontaine, in-8 avant la lettre, la tablette blanche. Superbe ép. sur chine, toute marge.

346 **Nanteuil**. P. Dupuis. — Sarrazin. 2 p. in-4. Très belles ép. sans marge.

347 **Pas** (C. de), César de Bellegarde, comte de Montbar, grand écuyer de France, à cheval.

348 **Pelée**. E. T. A. Hoffman, in-8. Belle ép. d'ap. H. Dupont.

349 **Pfeiffer**. Joseph Grassi, peintre. Ovale petit in-fol. en bistre. Superbe ép. toute marge.

350 **Physionotrace Quenedey**. Le Dauphin fils de Louis XVI, mort à Meudon. Superbe, très rare.

351 — Le marquis Maximilien de Béthune. Très belle ép.

352 — Bernard Blok, patriote batave, à Calais. Superbe.

353 — Mme de Corancey et ses enfants. 4 p.

354 — Étienne-Louis-Hector de Joly, avocat aux Conseils du Roy, défenseur des citoyens de couleur des îles et colonies françaises. Légèrement teinté de couleur.

355 — Mlle Millière, 1re danseuse à l'Académie. Très belle.

356 — Sébastien Bottin. — M. de Condan. — Pinel de la Taule. — Delorme en uniforme. 4 p. en couleur.

357 — Portraits en couleur. 4 p. dont une femme.

358 — Personnages divers, plusieurs avec noms. 60 pièces.

359 **Prévost**. Médaillon de Séb. Leclerc, tenu par la gravure. Charmant frontispice in-8. Superbe, toute marge.

360 **Roger**. Massillon. Ovale in-8 avant la lettre. H
Très belle ép. toute marge.

361 **Saint-Aubin** (Aug. de). Benjamin Franklin X
avec des lunettes, in-4, marge. Très belle ép.

362 —. Gluck, compositeur, d'ap. la cire de *Kraff*, X
médaillon entouré de chêne. Magnifique ép.
in-8, marge in-4.

363 **Schiavonetti**. Louis XVI. Grand in-8 d'après X
Hue. Marge.

364 **Schmidt**. Ninon de Lenclos, in-8 avec l'adresse. H

365 **Toureaty**. Marie-Antoinette, profil dans un H
rond.

366 **Vérité**. Monsieur, frère du roi, qui fut H
Louis XVIII, in-8 en couleur, très rare, grande
marge.

367 **Vigneron**. Acteurs et Actrices, lithog. tirées X
du Corsaire. 42 p.

368 **Weiss**. Duc de Reichstadt d'après nature, en H
1819. Ovale in-4. Superbe ép. marge.

369 **Portraits** et texte. Le Théâtre d'honneur par X
Claude de Valles, 1621. — Patriarches, Rois
depuis Adam, 112. — Les Sibilles, 10. — Les
faux Dieux et Déesses du Paganisme, 59. —
Monarques persans, 52. — Empereurs romains
et Impératrices, 295. — Empereurs d'Orient,
295. — Papes, 245. — Rois et Reines de France
jusqu'à Louis XIII, 153. — Rois et Reinés
d'Espagne, 184. En tout 1412 portraits et leurs
notices. Vol. in-fol. carton.

PORTRAITS CLASSÉS PAR NOMS

370 **Albany** (duchesse d'). Louise de Stolberg. 1
In-8 par Cock.

371 **Bach** (Jean-Sébastien), musicien, au-dessus 5
de son monument. Petit in-4, très belle ép.,
marge.

372 **Barré** (The countess of), entourée de roses. 1,50
Copie du portrait de Mme Du Barry, par Gaucher. In-8.

373 **Bernhardt** (Sarah). In-8, superbe, toute 2
marge.

374 **Berwick**, maréchal. — James Stuart, dit le 4
chevalier de Saint-Georges, 2 p. in-8. Rares.

375 **Boufflers** (Amélie de), duchesse de Lauzun, 10 50
In 8. Rare.

376 **Campan** (Mme). In-8. Très belle ép., toute 1,50
marge.

377 **Canova**. Grand in-8, avant toute lettre sur 1,50
chine, superbe, toute marge. Rare.

378 **Charles II** dansant à la hague avec Elisa- 5
beth. In-4, marge.

379 **Cleveland** (Barbara, duchesse de), maîtresse 7
de Charles II. Manière noire. In-8, superbe,
toute marge. Rare.

380 **Dickens** (Charles). Petit portrait rare. — 2.50
Dickens and Fechter. 2 p.

381 **Elisabeth** (Mme). sœur de Louis XVI. In-4, 5
par Condé. Très belle ép., marge. Rare.

382 **Foa** (Eugénie). Petit in-4, gravé, superbe, 2
toute marge.

383 **Foe** (Daniel de), auteur de Robinson Crusoé. Grand in-8, par Barnett. Très belle ép., marge.

384 **Garrick** en pied, d'ap. Fesch. In-8, toute marge. Rare.

385 **Guiccioli** (Comtesse), amie de lord Byron. In-8, sur chine. Rare.

386 **Haydn** (Joseph), musicien, par Mansfeld et par Thomson. 2 p.

387 **Jacques Clément** prêt à assassiner Henri III.

388 **Koningsmarck** (Comte de). In-8, sur chine, avant toute lettre. Rare.

389 **Lally-Tolendal**. Ovale in-8, d'ap. Green. Rare, toute marge,

390 **Law** (John) en pied. In-8. superbe, toute marge.

391 **Louis seize**, roi des Français, profil, in-8 carré, habit rouge. Imprimé en couleur et terminé au pinceau. Superbe ép., toute marge.

392 **Margaret de Valois**, femme de Henri IV. In-8, sur chine, par Freeman, d'ap. le portrait publié par Niel. Superbe, grande marge.

393 **Marie Amélie**. Grand in-8, sur chine, avant toute lettre. Superbe, toute marge.

394 **Marryat** (Capitaine), romancier anglais, auteur de Pierre simple. Grand in-8, superbe, toute marge.

395 **Martin** (John), peintre, illustrateur de Milton. In-4 en pied, sur chine, par Wagstaff. Superbe, toute marge.

396 **Montgolfier** (Les frères). Médailles. In-8.

397 **Ninon de Lenclos**, profil, in-8, par Hall, 1780.

398 **Prie** (Mme de). In-8, par Taylor. Rare.

399 **Toulouse** (Comte de). — Le Maréchal d'Hu-
mières. 2 p. in-8,

400 **Turenne** (M. le prince de). In-4 avant les
noms des artistes.

401 **Werter**, d'ap. le portrait original dessiné par
lui-même, Ovale in-8 en bistre. Très rare.

402 **Arioste**, 5. — Le Tasse, par Savart, Delvaux,
De Launay et autres, 7. En tout 12 p.

403 **Barthélemy**, par Lorichon, Saint-Aubin,
etc., 10. — Bernardin de Saint-Pierre, par
Pelée, avant la lettre sur chine, Bertonnier,
Lignon, etc., 7. En tout 17 p.

404 **Beaumarchais**, eau-forte pure et par
Hopwood et autres. 10 p.

405 **Boileau**, par Drevet, Lignon, Saint-Aubin,
Savart, etc. 20 p.

406 **Bossuet**, par Bertonnier, Delvaux, Leroux,
Saint-Aubin; en pied par Dupreel, etc. 21 p.

407 **Bourdaloue**, par Bertonnier et autres, 9.
— Fléchier, par Edelinck, Roger, etc., 9. —
Massillon, par Bertonnier, Lignon, Roger,
etc,, 14 En tout 32 p,

408 **Buffon**, par Bertonnier, Cathelin, Chevillet,
Dupreel, Gaucher, Saint-Aubin et autres. 26 p.

409 **Byron**, 10. — Milton, 4. — Pope, 2. —
Shakspeare, par Fauchery, Massol, etc., 4. —
Walter Scott, par Delvaux, Hopwood, etc., 6.
En tout 26 p.

410 **Cervantes**, par Gaucher, Lefèvre, etc., 7. — Lesage, par Guelard, Delvaux, etc., 11. En tout 18 p.

411 **Chateaubriand**, par divers. 14 p.

412 **Corneille** (P.), par Ficquet, Hardivillier, Gaucher et autres, 20. — **Th. Corneille**, par Delvaux, Desrochers, Saint-Aubin, etc., 8. En tout 28 p.

413 **Crébillon**, par Baléchou, Bertonnier, Ingouf, Saint-Aubin et autres, et Crébillon fils. 23 p.

414 **D'Alembert. — Diderot**, par Henriquez, Saint-Aubin et autres. 12 p.

415 **Delavigne**, par Riffaut et autres, 5. — **Delille**, par Plee, Potrelle, Roger, etc., 6. — **Florian**, 6. — **Fontenelle**, par Ingouf, Saint-Aubin, etc., 6. En tout 23 p.

416 **Descartes**, en couleur et en noir par Benoist, par Dupin, Bertonnier, avant la lettre, etc., 10. — **Pascal**, par Roger et autres, 12. En tout 22 p.

417 **Fénelon**, par D'Elvaux, Gaucher, Roger, Saint-Aubin et autres. 22 p.

418 **Gessner**, 5. — **Gœthe**, 5. — **Lavater**, par Haïd, etc., 6. — **Schiller**, par Blanchard, Fontaine, Massol, etc., 7. En tout 23 p.

419 **La Bruyère**, par Saint-Aubin, Leroux, etc., 9. — **La Harpe**, par Huot, Migneret, etc., 8. — **Larochefoucauld**, par Bertonnier, Gaucher, Saint-Aubin, etc., 12. En tout 29 p.

420 **La Fontaine**, par Ficquet, D'Elvaux, Bertonnier, Pauquet, Ribaut, etc. 16 p.

421 **Lamartine**, par Plée, Pollet, etc., 7. — Thiers, par Bosselman et autres, 5. En tout 12 p.

422 **Malherbe**, par Ingouf, etc., 8. — **Marmontel**, par Saint-Aubin, Leroux, etc., 10. — **Clément Marot**, par Bonvoisin, Duflos, etc., 6. En tout 24 p.

423 **Mazarin**, cardinal, par Saint-Aubin, Desrochers et autres anciens et modernes. 16 p.

424 **Molière**, par Audran, Hopwood, Migneret, Taurel, Lignon et autres. 16 p.

425 **Montaigne**, par Audouin, Bertonnier, Henriquel Dupont, Le Beau, Saint-Aubin et autres. 16 p.

426 **Montesquieu**, par Le Beau, Muller, etc., 10. — **Rollin**, par Cathelin, D'Elvaux, Dequevauviller, avant la lettre, Roger, etc., 10. — **Saint-Evremont**, par Edelinck, Saint-Aubin, etc., 7. En tout 27 p.

427 **Piron**, par Bertonnier, Ingouf, etc., 12. — Rabelais, 3. — Scarron, par divers, 8. En tout 23 p.

428 **Racine** (Jean), par Bertonnier, D'Elvaux, Gaucher, Hopwood, Ingouf et autres anciens et modernes, 24. — **Louis Racine**, par D'Elvaux, Miger, Saint-Aubin, 6. En tout 30 p.

429 **Raynal**, par De Launay, Saint-Aubin, etc., 7. — Regnard, par Hopwood, Ingouf, Leroux, etc., 15. En tout 22 p.

3*

430 **Richelieu**, cardinal, anciens et modernes. 20 p.

431 **Rousseau** (J.-B.), par Desrochers, Saint-Aubin, Taurel, Ingouf, etc. 12 p.

432 **Rousseau** (J.-J.). Différents, anciens et modernes. 42 p.

433 **Sévigné** (Mme de), par Bertonnier, Dequevau-viller, Dien, etc. 12 p.

434 **Voltaire**. Différents par divers, anciens et modernes. 26 p.

435 **Portraits** de Lucien Bonaparte, John of Stair, rare. Général Wolff, comte Montrond, Danton, Ch. Emmanuel III, de Savoie. 6 p.

436 — Acteurs : Desessart en pied, avant toute lettre. — Dazincourt en couleur, en pied. 2 p. in-4. Très belles ép., marge.

437 — Actrices, Cantatrices : Miss Kellogg. — La belle Mme Langtry, photographie. — Mme Ristori. 3 p.

438 — Gabrielle Krauss. — Louise Pyk. — Ander, chanteur. 3 p. in-8, superbes, toute marge.

439 — Acteurs et Actrices, gravés et lithog., tirés de l'*Artiste*. 36 p.

440 **Musiciens**. Clementi. — Ernst. — Ernst, Vieuxtemps, Molique sur chine. 3 p.

441 — Pepusch, — Rubinsteu. — Reber. — Rossini, J. Strauss de Vienne, etc. 6 p.

442 — Célébrités artistiques, musicales, littéraires et autres, tirées de l'*Artiste*, gravées et lithographiées. Très belles ép. 38 p.

443 **Rois de France**. In-8 sur chine. 30 p.

VIGNETTES, ILLUSTRATIONS

454 — Les mêmes, avant la lettre sur chine. 2 p.,
    magnifiques ép., toute marge.

455 **Deveria** (D'ap.). Contes orientaux, les Mille et
    un jours. 10 vignettes, in-8, superbes, toute
    marge.

456 **Galland**. Les Mille et une nuits, d'ap. *Westall*.
    6 p., in-8, superbes ép. avant la lettre sur chine,
    toute marge.

457 **Gessner**. Vignettes, d'ap. *Moreau*, in-12, avec
    le portrait. 49 p. superbes.

458 **Graffigny**. Vignettes et le portrait. 4 p., in-12,
    avant la lettre, marge, grand in-8.

459 **Gravelot** (D'ap.) et autres. Le Décaméron de
    Jean Boccace. Londres, 1757. Suite de vignettes
    pour les cinq volumes. 116 p., in-8, très belles
    ép., toute marge.

460 — Suite de vignettes et le portrait de Pierre
    Corneille. 35 p. dans de charmants entourages
    différents, grand in-8, superbes ép., toute
    marge.

461 **La Fontaine**. Supplément aux Contes et nou-
    velles de la nouvelle édition de Walckenaer.
    Cinq contes attribués, vol. grand in-8, non
    coupé, superbe, broché.

462 **La Fontaine**. Vignettes pour les Fables avec
    le portrait, in-8, d'ap. *Bergeret*. 10 p. très
    belles.

463 **Lamartine**. Vignettes, d'ap. *Desenne*. 6 p.
    avant la lettre sur chine, superbes.

464 — La même suite, eau-forte pure, grand papier.
    6 p. superbes.

465 **Montesquieu**. Le Temple de Gnide, in-18, avant la lettre. 13 p. dont le portrait, superbes ép. de la collection Pixerecourt.

466 **Moreau** (D'ap.). Vignettes pour J. Racine. 13 p., in-8, dont le portrait, d'ap. Santerre.

467 **Plutarque**. Portraits entourés 26, et deux Vignettes. 28 p., in-8, très belles, toute marge.

468 **Rabelais**. Vignettes pour ses œuvres, in-8, d'ap. *Deveria*. 10 p. très belles, toute marge.

469 **Racine**. Vignettes par *Girardet*, d'ap. *Desenne*, avec le portrait. 13 p. complet, in-12, superbes ép.

470 **Racine** (J.). Suite de 13 vignettes, d'ap. *Moreau*, dont le portrait, in-8.

471 **Rousseau** (J.-J.). Vignettes pour ses œuvres, d'ap. *Deveria*, avec les portraits de Rousseau et de Mᵐᵉ de Warens. 38 p., in-8, très belles ép.

472 **Rousseau** (J.-J.). La nouvelle Héloïse, in-12, d'ap. *Gravelot*, par *Le Mire*, Saint-Aubin et autre. Suite complète de 12 p. pour l'édition originale.

473 — La nouvelle Héloïse, d'ap. *Deveria*. Suite complète de 12 eaux-fortes pures in-12, marge in-8, superbes.

474 **Tressan** (Comte de). Vignettes et son portrait. 8 p., in-8, superbes ép. avant la lettre; on a joint 4 portraits différents avec la lettre. En tout 12 p., toute marge.

475 **Voyage** en Angleterre et en Ecosse, Portraits et Vignettes. 10 p. avec 7 pages de fac-simile d'autographes (atlas).

476 **Vignettes anglaises**, d'ap. *Bonington* et
autres, sur chine. 12 p. avant la lettre et 2
avec. En tout 14 p., superbes ép., marges
in-fol.

477 — Pour les Poésies de **Goldsmith**, d'ap. *Westall*
et la maison de Goldsmith en 1758. 4 p.

478 — Suite complète de 6 p. avant la lettre pour
le vicaire de Wakefield, d'ap. *Stothard*, rares.

479 — Pour Schiller, la Henriade, Combat d'honneur et d'amour et autres. 12 p.

480 — Le Mérite des demoiselles, 8 sujets en couleur sur la feuille. — Contes orientaux, 7 sujets. — Théâtre des dames, 8 sujets. — Les
Roses maternelles, 6 sujets. — Sujets d'enfants,
4 sujets à la feuille. — Pour l'Histoire natu-
relle, 8 feuilles. En tout 18 feuilles, contenant
plus de 100 sujets.

481 — Tirées des Révolutions de Paris, Scènes où
se trouvent Louis XVI, Marie-Antoinette, etc.
50 p.

482 — Pour divers Ouvrages, avant la lettre, sur
chine et sur blanc. 50 p. superbes.

483 — D'ap. les Tableaux du musée, le Bal champêtre de Watteau, Jupiter et Léda du Corrège
et autres. 40 p., in-8, superbes ép., toute
marge.

———

VUES DIVERSES

484 **Charpentier**. Le Val-de-Grâce, les Invalides,
le Louvre, Saint-Pierre de Rome, etc. 7 p.
in-fol.

485 **Chereau** excudit. Vue du grand portail de l'église cathédrale de N.-D. de Rouen. Petit in-fol.

486 **Chereau** (Chez). Portail de Notre-Dame, Saint-Eustache, Saint-Sulpice, et différents Maîtres-Autels. 11 p. petit in-fol.

487 **Marot**. Maison et Bureau des marchands drapiers de la ville de Paris. Grand in-fol. d'après *Bruant*. Très belle. ·

488 **Meunier** (Louis). Vues du Palais, Jardins et Fontaines Darangouesse, 10. — Cadix. — Séville. En tout 12 p.

489 **Moreau** (D'après). Place Louis XV. In-8 en travers par *Tilliard*. Jolie petite pièce où se voient les voitures de l'époque, costumes, etc. Rare.

490 **Vue**. Prison des Magdelonnettes, devenue Maison d'arrêt sous la tyrannie de Robespierre, l'an 1794, 2ᵉ de la République française. Eau-forte grand in-fol., rognée. Rare.

491 **Vues** panoramiques de Paris, Châteaux, Camp de Compiègne et autres. 24 p.

492 Plusieurs petits Endroits des faubourgs de Paris. 12 petites pièces coloriées.

493 — Élévation de l'église du collége des Quatre-Nations. — Coupe. — Plan. 3 p. très grand in-fol. Superbes ép. de *Blondel*.

494 — Hôtel de Lorges. Élévation, coupe, plans, 7 p., chez *Mariette*.

495 — Fontainebleau, Jardin de Montalte, etc. 5 p.

496 — Fontainebleau, Plan général et Vues du château. 8 p. *B*

497 — Château d'Icy, coupe, élévation intérieure et plan. 7 p., chez *Le Blond*. Très belles. *B*

498 — Châteaux de Lery, Louvois, Saint-Ouen, Triols. 5 p., chez *Mariette*. Très belles ép. *B*

499 — Château de Richelieu, côté du parc, grand parterre et demi-lune. 2 p. p^r *Perelle*. Superbes. *B*

500 — Château de Versailles, les trois Fontaines, etc. 6 p. *B*

501 — Châteaux de Berny, Escouan, Fremont, Madrid, Maison, Meudon, Rincy, Saint-Maur, Verneuil, etc. 12 p. *B*

502 — Villes et Forteresses de France, Bordeaux, Blaye, Pont-Saint-Esprit, etc. 40 p. *B*

DESSINS

503 BONINGTON. Vue d'un quartier de Rouen. Aquarelle in-4.

504 DAVID (Alphonse). Sujets d'enfants, avec chiens, etc., au bistre, aquarelle, plume, etc. 37 p.

505 CERMOK (Jeroslaw). Italienne et son enfant qui mange de la pastèque. — Moine quêteur. 2 vigoureuses aquarelles, signées J. C., et une petite photographie, jeune Orientale apprêtant une lampe, avec le nom. 3 p.

506 GÉRICAULT. Chevaux d'ap. nature. 5 dessins
à l'encre de chine, du premier cahier des études
d'ap. nature.

507 MICHELIN. Joli petit Paysage à la mine de
plomb. Signé.

508 DESSINS ANCIENS aux crayons rouge et noir,
du cabinet de Blois, Rois de France depuis
Charlemagne, Henri IV, Louis XIV. 20 portraits.

509 — Reines de France. 20 portraits.

510 — Maîtresses : Gabrielle d'Estrées, La Vallière,
Marion Delorme, comtesse de la Guiche, Mlle de
Montfort, etc. 14 portraits.

511 — Femmes célèbres : Mmes Dacier, Sévigné,
Hortense Mancini, de Monbason, de Vaudémont,
Marie de Rohan, Marie de Médicis, etc. 15 por-
traits.

512 — Clergé : Père La Chaise, Cotton, cardinal
de Guise, Pellevé, Sorbon, Papes. etc. 20 portraits.

513 — Charles de Lorraine, Henri de Guise, Coligny,
de Joyeuse, Condé, Bourgogne, comte de Châtel,
Gaston, Lautrec, etc. 19 portraits.

514 — Chanceliers, Hommes d'État, Littérateurs,
Lamoignon, Semblançay, Cujas, Law, Fouquet,
Colbert, etc. 20 portraits.

VIGNÈRES

Rue de la Monnaie, 21 (ancien 13), à l'entre-sol.

ESTAMPES ANCIENNES & MODERNES

Éditeur des Eaux-Fortes, Paysages et Plantes

DE M. EUG. BLERY,

Collection de plus de 50,000 Portraits différents

ANCIENS ET MODERNES

Classés comme suit et par ordre alphabétique

ÉCRIVAINS. Littérateurs, Poëtes, Géographes, Mathématiciens.
ARTISTES. Peintres, Sculpteurs, Architectes, Graveurs.
MUSICIENS. Compositeurs et Exécutants.
ACTEURS et ACTRICES de toutes époques et de tous pays.
MÉDECINS. Botanistes, Chirurgiens, Minéralogistes, Naturalistes.
ECCLÉSIASTIQUES. Religieux, Catholiques, Réformés, Juifs.
CARDINAUX. — PAPES. — SAINTS et SAINTES.
DIVERSES CÉLÉBRITÉS. Chanceliers, Juges, Militaires, etc., etc.
RÉVOLUTIONS et EMPIRE. Députés et Généraux.
FEMMES CÉLÈBRES en tous genres.
CONDAMNÉS pour crimes, vols; Scélérats divers.
ORIENTAUX. Doges, Perses, Turcs, etc.
POLONAIS. Hongrois, Russes, etc.
ANTIQUES. Personnages célèbres de l'Antiquité (Grecs et Romains).
ROIS ÉTRANGERS et MAISONS PRINCIÈRES françaises et étrangères.
ROIS DE FRANCE classés chronologiquement.
COLLECTION classée par ordre alphabétique de Graveurs anciens et modernes.
PORTRAITS en BISTRE. Collection de portraits inédits ou rares reproduits nouvellement par la gravure.

Plus de 1,200 Portraits différents de la Galerie de Versailles

Très-convenables pour les illustrations et pour joindre avec les AUTOGRAPHES étant tirés à part in-4.

Le Catalogue détaillé par ordre alphabétique : 1 fr.

Afin de faciliter les recherches des amateurs de Portraits, soit pour les illustrations, soit pour les collections d'autographes ou autres, *trois catalogues détaillés* (nos 1, 2, 3), de quelques collections de portraits qui peuvent se trouver chez moi, classés par ordre alphabétique, seront remis ou envoyés aux personnes qui en feront la demande affranchie.

Vᵉ RENOU, MAULDE et COCK, impr. de la Compagnie des Commissaires-Priseurs
rue de Rivoli, 144.   32851